Inhalt

Klimawandel - Unternehmen bereiten Anpassung vor

Kernthesen

Beitrag

Fallbeispiele

Weiterführende Literatur

Impressum

Klimawandel - Unternehmen bereiten Anpassung vor

Manuel Berkel

Kernthesen

- Unternehmen sind bereits heute negativ vom Klimawandel betroffen.
- In Zukunft wird die Betroffenheit steigen.
- Unternehmen müssen Anpassungsstrategien an den Klimawandel erarbeiten.
- Die am meisten betroffenen Branchen sind Metall, Logistik und Bauwirtschaft.
- Die EU-Kommission wird Ende April eine neue Anpassungsstrategie an den Klimawandel vorstellen.

Beitrag

Negative Folgen des Klimawandels bereits zu verspüren

Für seine Untersuchung hatte das Institut der deutschen Wirtschaft Köln (IW) tausend Unternehmen befragt. Die meisten der betroffenen Betriebe stammen aus dem Mittelstand der kleinen und mittleren Unternehmen. Negative Folgen des Klimawandels, die Firmen bereits heute verspüren, sind beispielsweise Unterbrechungen im Schiffsverkehr wegen gestiegener Flusspegel nach Starkregen oder steigende Kosten für die Klimatisierung von Werkshallen und Bürogebäuden in heißen Sommern. Die Zahl der negativ betroffenen Unternehmen wird in Zukunft höchstwahrscheinlich steigen. Für das Jahr 2030 erwarten bereits 29 Prozent der befragten Betriebe negative Folgen des Klimawandels für die eigene Geschäftstätigkeit. (1)

Der Hurrikan Sandy, der im Oktober 2012 die Ostküste der USA verwüstete, wurde nach Überzeugung von Wissenschaftlern bereits durch den Klimawandel verstärkt. In Deutschland wird es zukünftig zu länger andauernder Trockenheit kommen, vor allem im Süden und Osten Deutschlands. In Mannheim gab es bisher alle 25 Jahre einen Tag, an dem die Temperaturen bei 39 Grad oder höher lagen. Am Ende des Jahrhunderts wird es nach einer Prognose des Deutschen Wetterdienstes (DWD) voraussichtlich vier solcher Tage pro Jahr geben. Im Winter würden demnach künftig Stürme mit einer Windstärke von elf Beaufort wie bisher einmal pro Jahr durchschnittlich zweimal im Jahr über Deutschland hinwegfegen, Orkane mit Stärke zwölf könnte es statt wie bisher alle 25 Jahre zum Ende des Jahrhunderts schon alle fünf Jahre in Deutschland geben. Für Ende 2015 bereitet das Bundesamt für Bevölkerungsschutz und Katastrophenhilfe an der gesamten Nordseeküste eine große Übung zum Schutz gegen Sturmfluten vor. Behörden und auch Unternehmen sollen den Fall üben, dass die Nordsee nach einem Sturm weite Teile des Festlandes unter Wasser setzt. (2), (3), (4)

Klimawandel in anderen Ländern betrifft auch Deutschland

Die Auswirkungen des Klimawandels betreffen deutsche Unternehmen aber nicht nur durch Extremwetterereignisse im Inland. Der Produktionsstandort Deutschland ist hochgradig international vernetzt und deshalb können auch

Lieferunterbrechungen in anderen Ländern auch Folgen für deutsche Unternehmen haben. Eine Woche nach der Reaktorkatastrophe in Fukushima und dem vorausgegangenen Tsunami fielen beispielsweise im Opel-Werk in Eisenach im März 2011 an zwei Tagen Schichten aus, weil ein Elektronikbauteil eines japanischen Zulieferers fehlte. Ähnlich erging es dem amerikanischen Autohersteller General Motors (GM) mit einem Werk in Louisiana. (5)

Ähnliche Folgen könnten künftig durch den Klimawandel ausgelöste Extremwetterereignisse haben. Die deutsche Futtermittelindustrie und Fleischwirtschaft sind beispielsweise hochgradig abhängig von Soja-Importen aus Nord- und Südamerika, besonders den USA, Argentinien und Brasilien. In diesen Ländern könnte der Klimawandel verstärkt zu Hitzewellen, Schädlings- und Krankheitsbefall und auch zu einer Abnahme der Agrarflächen führen, die das Angebot an Futtermitteln verringern, den Preis für eiweißhaltige Futtermittel erhöhen und die Qualität des Sojas beeinträchtigen könnten. Der letzte Faktor kann sogar die Qualität des Fleisches verringern. Heißere Sommer in Deutschland würden besonders die Geflügelmast beeinträchtigen, weil die Tiere nicht schwitzen können. Nach einer Analyse aus dem vom Bundesforschungsministerium geförderten

Forschungsprojekt nordwest2050 würde dies dazu führen, dass das Mastgewicht der schlachtreifen Tiere sinkt und der Frischwasserbedarf deutlich zunimmt. Weitere Beeinträchtigungen der Wirtschaftlichkeit können sich durch stärkere regulatorische Vorschriften innerhalb des Klima- oder Seuchenschutzes ergeben. Solche indirekten Effekte des Klimawandels sind der Umfrage des IW Köln zufolge sogar noch gravierender als die direkten Folgen selbst. Aktuell fühlen sich bereits 24 Prozent der befragten Unternehmen durch regulatorische Vorschriften im Zusammenhang mit dem Klimawandel negativ betroffen, für das Jahr 2030 erwarten dies bereits 36 Prozent. (1), (6)

Indirekte Folge des Klimawandels kann auch ein Imageverlust sein

Erhöhte Temperaturen würden die Tiere auch beim Transport erhöhtem Stress aussetzen und die Fleischqualität weiter negativ beeinflussen. Bei der Schlachtung und Lagerung würde Hitze das Risiko für Beeinträchtigungen erhöhen oder höhere Kosten für Kühlung verursachen. Die negativen Effekte des Klimawandels würden also von Futtermittelfirmen über Züchter und Mastbetriebe, Logistikunternehmen bis hin zu Schlachtbetrieben und Fleischereien oder Supermärkten reichen, die für die aufwendiger zu produzierenden Fleischprodukte höhere Preise verlangen müssten. Des Weiteren ist zu berücksichtigen, dass die Futtermittelproduktion für die Fleischwirtschaft als einer der Hauptauslöser des Klimawandels gilt, weil für Sojafelder beispielsweise Wälder abgeholzt werden. Der Klimawandel könnte also einen Imageverlust zur Folge haben, der den Absatz einschränkt. Schließlich könnten höhere Temperaturen das Konsumverhalten auch deshalb verändern, weil die Verbraucher eine mediterranere, fleischärmere Küche bevorzugen würden. (6)

Die stärksten Auswirkungen des Klimawandels erwartet das IW Köln auf Betriebe der Metallbranche, der Bauwirtschaft und der Logistik. Eine Umfrage unter Bahnen in 14 Ländern ergab, dass die Bahnbetriebe sogar erwarten, dass sich Schienen in heißeren Sommern verformen. Starke Regenfälle könnten Gleise überfluten, und Bahndämme könnten unterspült werden. Zudem werden voraussichtlich mehr Gleise durch Bäume blockiert werden, die nach Stürmen umgestürzt sind. Der Anstieg des Meeresspiegels könnte entlang der Küste sogar die Verlegung von Trassen erforderlich machen. (1), (7)

Trends

Die EU-Kommission hat bereits 2009 ein Weißbuch

mit Vorschlägen für eine Anpassungsstrategie an den Klimawandel vorgelegt. Am 29. April 2013 wird die Kommission die konsultierte Strategie der Öffentlichkeit vorstellen. Eine Rolle in der Diskussion wird auch die Finanzierung von Anpassungsmaßnahmen spielen. (9)

Fallbeispiele

Fleischindustrie entwickelt erste Strategien

Anpassungsmaßnahmen in der Fleischindustrie sind beispielsweise die Substitution von Sojafutter durch weniger hitzeempfindliche, eiweißhaltige Pflanzen, passive, energieeffiziente Kühl- und Lüftungssysteme für Ställe. Dem Imageverlust der Fleischproduktion im Zusammenhang mit dem Klimawandel müsste die Fleischwirtschaft mit stärkeren Marketingmaßnahmen oder der freiwilligen Ausweisung von Ökobilanzen begegnen. Die Biofleisch Bakenhus GmbH untersucht innovative Fleischprodukte, die dem geänderten Konsumverhalten bei höheren Temperaturen Rechnung tragen. Um Anpassungsstrategien identifizieren zu können, halten es Wissenschaftler für hilfreich, sich mit Unternehmen aus Regionen oder Ländern auszutauschen, die bereits unter Bedingungen wirtschaften, wie sie durch den Klimawandel künftig in Deutschland zu erwarten sind. (6)

Flexibler Wechsel zwischen Transportmitteln wird entscheidend

Das Logistikunternehmen Paneuropa-Rösch GmbH hat in einem Pionierprojekt Anpassungsmaßnahmen für den Logistiksektor ausgelotet. Neue Lastkraftwagen sollten demnach mit stärkeren Klimaanlagen oder einem weißen Fahrerhaus zur passiven Kühlung angeschafft werden. Das Unternehmen verfügt bereits über die Möglichkeit, Güter von der Straße auf die Schiene und umgekehrt umzudisponieren, falls es auf einem der Transportwege zu Unterbrechungen kommt. Für unvorhergesehene Wetterereignisse müssen darüber hinaus künftig wahrscheinlich Pufferkapazitäten bereitgehalten werden, um auf unvorhergesehene Unterbrechungen reagieren zu können. (8)

Weiterführende Literatur

(1) Unternehmen müssen sich wappnen
aus Handelsblatt Nr. 048 vom 08.03.2013 Seite 018

(2) Die Grad-Wanderung
aus WirtschaftsWoche NR. 048 vom 26.11.2012 Seite 068

(3) Mehr Wind
aus Süddeutsche Zeitung, 31.10.2012, Ausgabe München, Bayern, Deutschland, S. 18

(4) Klimapolitik: Deutsche Akademie der Technikwissenschaften empfiehlt Strategien zur Anpassung an den Klimawandel
aus ddp direct Pressemitteilung vom 22.10.2012, 18:03:01

(5) Fehlende Teile aus Japan machen die ersten Schwierigkeiten
aus Frankfurter Allgemeine Zeitung, 19.03.2011, Nr. 66, S. 15

(6) Anpassungsbedarf für die Fleischwirtschaft?
aus Fleischwirtschaft 12 vom 14.12.2012 Seite 017 bis 023

(7) Anpassung an den Klimawandel hat schon begonnen
aus DIE WELT, 05.12.2012, Nr. 285, S. 4

(8) Transport temperatursensibler Waren unter Klimawandeleinfluss: Klimaangepasste Logistik
aus Ökologisches Wirtschaften, Heft 03/2012, S. 24-26

(9) Launch event - EU strategy on adaptation to climate change
aus Ökologisches Wirtschaften, Heft 03/2012, S. 24-26

Impressum

Klimawandel - Unternehmen bereiten Anpassung vor

Bibliografische Information der deutschen Nationalbibliothek

Die Deutsche Nationalbibliothek verzeichnet diese Publikation in der deutschen Nationalbibliografie; detaillierte bibliografische Daten sind im Internet über http://dnb.d-nb.de abrufbar.

ISBN: 978-3-7379-1541-0

© 2015 GBI-Genios Deutsche Wirtschaftsdatenbank GmbH, Freischützstraße 96, 81927 München, www.genios.de

Alle Rechte vorbehalten. Dieses Werk ist einschließlich aller seiner Teile – z.B. Texte, Tabellen und Grafiken - urheberrechtlich geschützt. Jede Verwertung außerhalb der Grenzen des Urheberrechtsgesetzes bedarf der vorherigen Zustimmung des Verlags. Dies gilt insbesondere auch für auszugsweise Nachdrucke, fotomechanische Vervielfältigungen (Fotokopie/Mikroskopie), Übersetzungen, Auswertungen durch Datenbanken oder ähnliche Einrichtungen und die Einspeicherung und Verarbeitung in elektronischen Systemen.